Heidelinde H. Weber

Wie's kommt

Der Mischwald macht mobil

Träumereien

Verrücktes

Alltäglich Gemischtes

Ökumenische Welt

Was gefällt und nicht gefällt

Widmung

Herzlichen Dank an meinen Mann Toni, der mir dieses Buch ermöglicht hat.

Besonders herzlichen Dank an meine Tochter Christiane, die mir mit unendlicher Geduld bei diesem Buch geholfen hat.

© 2009 Heidelinde H. Weber
Herstellung und Verlag: Books on Demand GmbH, Norderstedt

ISBN 978-3-8370-8569-3

Inhalt

4

Ich muss Dir etwas sagen

Meine Worte

Meine Worte setzen sich sanft aufs Blatt,
sie fliegen, wirbeln
Abflug, Landung

    Ich frage nach

sie sind selbständig und klar
sie bitten mich um Verständnis

Gedanken führen meine Hand

    Ich frage nach

sie wollen fliegen, purzeln, zaubern

Bitteschön

Worte, Sätze, verrückte Geschichten
Geheimnisse

Bitte macht einen Punkt.

Sie überstimmen mich

    Ich frage nach

Sie schauen mich mit sanften Augen

bittend an

Seid doch etwas geduldig,

etwas leiser

Was denken bloß die Leute?

Ach was, die Leute!

Wir wollen ein Worte - Fest feiern,

tanzen und alle dazu einladen

Einverstanden

Sie sind ungeduldig, aber liebevoll

meine Worte

Nun müsst ihr sie ertragen.

Ab und zu ein Parkplatz

Ich muss keinen Eindruck hinterlassen,
ich will dir jetzt sanft die Hand geben.
Nicht abstammen, selber wachsen, sprechen lernen
Sprachgebrauch, manchmal brauchen wir sie nicht
zu heftig, zu laut, schrill,
lieber leise, warm, angenehm
Mitteilen, weitergeben oder behalten?
Gut für dich?
Gut für mich?
Besser nur teilen.

Jetzt rechts abbiegen, in hundert Metern links fahren.
Dankeschön.
Ich fahre gerne andere Wege, nicht die kürzesten, nicht
die schnellsten.
Ich spare nicht an Sprit, trinke Cappuccino, habe meinen
eigenen Rastplatz.
Mein Parkplatz ist ein Anruf, ein Gespräch, deine
Stimme hören,
Klavierspielen, singen, durchatmen.

Schöne Parkplätze,
manchmal angesagt, plötzlich, überraschend, sonnig,
schattig, mit exotischen Pflanzen,
Frühstück mit Tanz.

Aufregende Abzweigungen,
Abkürzungen, Umwege,
Spannend.

Keine Fahrt ins Blaue,
ich habe ein klares Ziel!

Mein Begleiter ist kein Automat,
ein Freund, der mit mir geht,
er ist der Weg.

Schwarze Tasten für die Nacht

Weiße für den Tag

Also kann ich bei Sonnenaufgang
und in der Dämmerung

die schönsten Melodien spielen

Worte in unserer Zeit

Wertvolle Zeit
Zeitwert?

Alles hat seinen Wert
Die Wertigkeit wird festgelegt

Ich lass mich nicht festlegen

Jeder Mensch ist wertvoll bei Gott
und hat seinen „eigenen" Wert.

Austragen, ertragen, tragen
Tragetasche
Rucksack
Reisegepäck
    Ab in den Flieger
Wenn sich die Veränderung
verändert
ist trotzdem nichts
wie vorher

Gott hat schon genug verrückte Gestalten
in seinem Haus

Aufrücken
Platz gemacht

Endlich mal was los

Wie muss die Liebe groß sein,
um solch ein Chaos
lieben zu können

Bergpredigt
Gleichnisse
Nimmermüdes Bemühen
von Jesus
in klaren Worten
Hilfe anzubieten
Wie arrogant
einfach nicht verstehen
zu wollen
Es sind Angebote zum
besseren Miteinander

Was sucht ihr denn
In allen Häusern?

Nicht schauen	- sehen
Nicht hören	- verstehen
Nicht laufen	- hingehen

❖

Lieber Gott

bist du nicht traurig
über uralte Versteinerungen
    hohe Zäune
     tiefe Gräben?

Verstehe
Du verwandelst sie in
    Glitzersteine
    Torbögen und
    moosgepolsterte Wiesen

❖

Anstrengung, Mühe
     vergeblich?

Wenn Gott auch so denken würde,

gäb's uns schon lange nicht mehr

Liebe mit Zukunft

- kein Märchen

Der Fixpunkt und der Wendepunkt begegnen sich.
Es ist Liebe auf den ersten Blick.

„Bleib bei mir", sagt der Fixpunkt,
„Komm doch mit", sagt der Wendepunkt.

Wir haben einen Standpunkt,
er begleitet uns, er versteht uns,
er ist unser Mittelpunkt.

Wir bleiben zusammen,
Fixpunkt und Wendepunkt
sind ein Liebespaar.

Die Liebe ist immer größer,

strahlend gehen sie gemeinsam ihren Lebensweg.

Einmalig, unser Leben

Manchmal ist es leicht,
auch schwer,
meist fröhlich
gibt uns Aufgaben,
damit wir sie erledigen

Stellt Fragen
Gibt Antworten

Unverständnis
Manchmal schauen wir dahinter

Zieht uns, schiebt uns,
drückt uns nach vorn

Spricht eine laute, klare Sprache

Nimmt in den Arm,
lächelt uns an

Lässt uns singen, tanzen, weinen und lachen
Lässt uns ausruhen

Kostbar, es ist einmalig.

Unser Leben.

Die Liebe steht über dem Gesetz

Die Tanzbrücken

Brücken können überwinden
und verbinden,
drübergehen musst du selbst.

Manchmal kommt Besuch von der anderen Seite,
geh ihm ein Stück entgegen

Von der Brücke aus kannst du
den schönen Sonnenuntergang betrachten,
er spiegelt sich mit warmen Farben im Wasser.

Erst auf der Mitte der Brücke
kannst du beide Ufer richtig sehen.

Hüben und drüben ist nur
eine Frage des Standpunkts.

Erst wenn du ganz drüber gegangen bist,
kannst du alles von der anderen Seite sehen.

Auf der Brücke spielen Musikanten
bis tief in die Nacht

Willst du nicht dazu tanzen?

Ich glaub, ich bin ein Vogel,

Ich glaub, ich bin ein Vogel,
ich bau mir ein Nest
manchmal sing ich
zwick ich, pieks ich,
träller mit den anderen
Flieg in die Gegenrichtung
mit Rückenwind
und Gegenwind

Ich habe bunte Federn,
weiche und kräftige,

mir fallen ab und zu welche aus,
sie werden gesammelt,
ein Kissen wird draus gemacht
man darf sich auf mir ausruhen.

Man kann mit ihnen schreiben.
Es ist schön zu fliegen.
Auf dem Hochseil findet ein Treffen statt.
Ich fliege zurück in mein warmes Nest.

Irgendwann verwandeln sich meine
bunten Federn
in schillernde, glitzernde,
schneeweiße Flügel.

Wenn die Wildente kommt

Manchmal besucht mich ein kleiner Vogel,
er sitzt auf meiner Hand,
schaut mich an
und zwitschert ein wunderschönes Lied.

Selten besucht mich ein großer Adler
er hat scharfe Krallen,
hinterlässt Spuren in meiner Hand.

Oft kommt ein bunter Papagei angeflogen,
er sieht mich an wie sein Spiegelbild
er ist verwirrt, ich auch.

Ab und zu besuchen mich zwei weiße Tauben,
sie passen beide in meine Hand,
wir verstehen uns.

Ein schwarzer Rabe wollte mich besuchen,
auf meiner warmen Hand
hat er sich nicht wohl gefühlt,
schnurstracks war er weg,

Wenn die Wildente kommt,
bleibt sie nur kurz,
sie weiß, dass ich sie versteh`
und fliegt weiter.

Die Liebe wird nie müde

Die Liebe zieht Wanderschuhe an und Tanzschuhe,

sie sitzt mir gegenüber, hört mir zu,
sie nimmt mich in die Arme
und nimmt mich ernst.

Sie steht morgens mit mir auf
und geht spätnachts mit mir zu Bett,
sie lässt mich ruhig schlafen.

Sie nimmt mich an der Hand
und geht mit mir in den Tag.

Sie wärmt mich in kalten Momenten
und kühlt meinen erhitzten Kopf.

Manchmal brauche ich ihre unendliche Geduld.

Sie begegnet mir in strahlenden Augen,
kleinen und großen Händen.

Lässt mein Handy klingeln,
schön, dass du anrufst.

Sie lässt mich in verborgene Winkel schauen,
überrascht mich oft, mit bekannten und fremden
Stimmen.

Sie sitzt manchmal hinter mir und streichelt meinen
Rücken,

sie hat ein buntes Kleid an.

Sie lässt sich nicht in dunkle, enge Räume einsperren,
sie öffnet die Tür zu hellen großen Hallen,

sie besitzt den Schlüssel
zu allen Türen.

Ruh dich doch bitte mal ein wenig aus,

sie lächelt und geht weiter,
sie hat noch so viel zu tun.

Ich wünsch mir, dass sie jedem begegnet.

Sie hat viele Namen,
ihr Geburtsort ist bekannt.

Sie ist sanft und verständnisvoll,
manchmal tritt sie mir in den Hintern.

Ich möchte, dass sie immer bei mir bleibt,
die Liebe.

Sie hat es mir versprochen.

Die Sternenwiese

Der Deckel knarrt,
die Schatztruhe öffnet sich langsam.

Den wirklichen Traum frei fliegen
Der Sonnenvogel schlüpft aus,
ich wundere mich

der Sonnenvogel breitet seine Flügel aus,
schützt die Kleinen, trägt die Großen.

Engelweiß ist nicht kalt,
warm, wohlig

Es leuchtet.

Es hat kein Schloss,
einen geheimnisvollen, fliegenden Schlüssel,
viele Haltegriffe.

Die Schatztruhe steht fest auf dem Boden,
auf gutem Grund,
sie kann nicht mehr wackeln

Ich kann drauf sitzen, sie schwimmt,
sie kann nicht untergehen,

festgebunden an ihre Haltegriffe

segelt sie übers Wasser

Manchmal schaukelt sie,

der Wind bläst in die Segel.

Die See ist ruhig,

leichter Wellengang ist aufregend,

wenn's zu wild wird, steuere ich zurück,

in weichem Gras landet sie,

ich muss mich ausruhen, durchatmen

Mit Samt und Seide ausgeschlagen?

Schön gepolstert, weich

verschiedene Tücher, klein und groß,

möglich abzuteilen,

alles herausnehmbar,

dann ist es geräumig,

hat Platz,

für Wirklichkeit, Traum und Phantasie.

Falten sind Absicht, es wird nicht glatt gebügelt

Rüschen - Schnickschnack völlig überflüssig

weich, warm, glänzend

ohne Riss und Fransen

stellenweise ausgebleicht von der hellen Sonne

Der Mond kühlt,
die Sterne glitzern in meiner Truhe,
ich will sie einsammeln,
ich lass sie frei,
sie gehören nicht mir,

ich leih sie aus
ich werf sie hoch und lass sie runterfallen,

oh, wie schön, sie berühren mich,
alles glitzert

nicht drauf sitzen bitte,
sie wollen weiterfliegen

ich weiß, eine Sternenwiese wäre schön,

nur anschauen,

jeder Stern ist kostbar

Begegnungen, Erlebnisse, Menschen

Meine Kinder, ganz besondere Sterne,

ein bisschen größer,

ein bisschen heller als die anderen

Sternschnuppen, vom Himmel gefallen,

sie haben mich besucht,

das größte Glück

Wer macht solche Sterne?

Schenkt sie mir?

Er vertraut mir seine kostbaren Sterne an,

was traut er mir eigentlich zu?

Der große Gott, mein Gegenüber,

Hand auf meiner Schulter,

schiebt mich vorwärts, sagt, du kannst das,

kennt mich, lässt mich entscheiden,

welch grenzenloses Vertrauen?!

Ich darf „seine Kinder" erziehen

und begleiten

Ich, ich

Schöpfer des Himmels und der Erde

Der Blättertanz

Die Bäume, sie stehen immer an der selben Stelle,
warum bewegen sie sich nicht?

Ein Chaos, ein Durcheinander,
Obstsalat

bleibt lieber stehen,
es hat doch wohl alles seinen Sinn

Wir können uns bewegen,
das hat wohl auch seinen Sinn,

wir könnten so Vieles neu gestalten,
da stehen, wo man immer steht,
langweilig
wie angewurzelt

Meine Äste wollen sich im Wind bewegen und
wegfliegen
in den Wolken blühen
meine Blätter wollen zu den anderen Blättern fliegen,

nicht erst im Herbst,
wenn's kalt und frostig wird

Ich mach eine Blätterparty,

runde, spitze, zackige, glatte

alle sind eingeladen,

welch ein Spaß

wir tanzen im Wind

ein Wirbelwind

und dann setzen wir uns sanft ins weiche Gras.

Die Vögel verstehen mich,

die Engel auch,

sie tanzen mit,

wer sagt, dass einer nicht mittanzen darf?

Ich hab mich verhört, es war nur ein Lied,

aber ich schreib den Text zu meinem Tanzlied

Wir sammeln uns in einem schönen Tuch

die Sterne wollen auch mitsingen,

sie singen wunderschön

Der Baumstamm muss doch stehen bleiben,

seine Wurzeln sind in der Erde,

schön, dass er fest steht,

eine Baumgruppe, wie schön,

die Äste vereinen sich zu einer Krone

Nach jedem Lied und nach jedem Tanz
wird die Krone weitergegeben.

Ein Wanderlied, ein Wandertanz, eine Wanderkrone,

Wir sind auf der Wanderschaft

ein schöner Weg,

irgendwann sind wir angekommen,
am goldenen Tor.

Regentropfen

Liebestropfen fallen aus dem Himmel
auf mein Gesicht

Kühlen, streicheln, erfrischen

Kleines Rinnsal wird zum großen Meer

Danke liebe Wolke

Die Uhr läuft

Die Uhr
    sie läuft

    wohin denn nur?

    keine Spur!

Sie bleibt wo sie ist
zeigt die Zeit an und ist

eine Uhr
    die läuft

    wohin denn nur?

    keine Spur.........

Sie hört nie auf zu laufen
was hat sie nur?

Die Zufallsuhr

Wir glauben 's ist Zufall
können's oft nicht verstehen

da muss doch einer
an der Zufallsuhr drehen

Zufallsuhr von wegen
   da spinnt doch einer
      ganz feine Fäden

er lässt es offen
uns selbst zu entscheiden

es gibt Situationen
   die kannst du
      einfach nicht planen

du kannst nur erahnen
dass es da jemanden gibt

der dich manchmal
   zu bestimmter Zeit

einfach hier- und dorthin schickt

Aus verschiedenen Quellen

Ich bin ein kleiner Tropfen
    im Bach

aus verschiedenen Quellen
laufen wir zusammen
in einen Fluss zum großen Meer
einer dem Anderen hinterher

Wir schwimmen auf einer Welle
wieder zurück
zu unserer Ursprungs - Quelle

Geh zur Ruh

Müde bin ich
   geh zur Ruh

aber mach überhaupt noch nicht
   meine Äuglein zu

mein Vater lässt die Augen sein

heut ausnahmsweise
   über meinem Sofa sein

Zwischenstück

Ein Zwischenstück
   wie wunderbar

braucht man ständig
   und zwar

als Verbindung
   vom einen
   zum anderen Teil
   es passt meist
   ganz genau hinein

Nicht am Anfang, nicht am Ende
nein, wir brauchen's in der Mitte

es wird einfach eingefügt
   es überbrückt
   ein unentbehrliches Stück

Ohne Zwischenstück gäb's nur
   ein Vorne und Hinten
   ein Anfang und End

wie wichtig es doch ist
wenn's fehlt
wird's schrecklich vermisst

Ich ess doch so gern Schokolade

Ich ess so gern Schokolade

    erst ein Rippchen
      die halbe Tafel
        dann ist sie ganz weg

        wie schade

Ich ess doch so schrecklich gern Schokolade

Vielleicht ist noch eine da?
Nein, das wird zu viel
denk an dein Profil

wie schade
ich ess doch so gern Schokolade

Zum Frühstück
      Butterbrot, Käse, Marmelade

      schade
      keine Schokolade

Am Mittag
      Gegrilltes und Salat am Buffet
      Zum Nachtisch Sorbet

wieder keine Schokolade

schade

Am Abend

jetzt schlag ich zu

kenn keine Gnade

zur Vor-, Haupt- und Nachspeise

gibt's nur Schokolade

als Eis, Pudding

flüssig, fest, krumm, gerade

Hauptsache

Schokolade

Schokolade

Verliebte Jüngerin

Mein Regisseur

Manchmal ist's wie im Film
es läuft alles vorbei

Darf ich mitspielen?
    macht Platz
    ich bin auch dabei

Szenen werden gedreht,
die sind mir ganz fremd

Ob mich da überhaupt jemand erkennt?

Ist's ne Komödie, ein Krimi, ein Western?
Das hatten wir doch schon mal gestern

Diese ständige Improvisation
die spielten wir schon

Es hat einfach keinen Sinn alles selber zu machen
alles schief und krumm, es wird blitzen und krachen

Ich will „heute" produzieren
mich freuen und lachen

Lass doch die andern
ihren eigenen Film machen

Mein Regisseur
der kennt mich genau
hilft mir beim Hauptrollen Einstudieren
lässt mich auch Nebenrollen ausprobieren

Er berät mich
ist der Freund an meiner Seite

lässt mich eigene Wege gehen
schmale und breite

Er ist großzügig,
lässt mich meine Rollen selbst wählen

gibt nur Anleitung und Hilfe
kennt mein Textbuch auch
und ist vor allem immer da
wenn ich ihn brauch

In meinem Leben muss ich wohl die Hauptrolle spielen

Verantwortung übernehmen

Doch nach seinem Willen richt ich mich aus

dann bin ich nur vorübergehend

    im Theaterhaus

Zeit

Die Zeit, sie kann fliegen
rennen, vergehen

dauern, kurzweilig sein
oder einfach stillstehen
man kann sie bemessen
auch vergessen

sie zurückdrehen wollen
ausfüllen
in die Knie zwingen
überspringen
sie ignorieren

nicht haben wollen
über sie monieren

sie kann reif sein,
       zu spät, zu früh
doch festhalten kann man sie nie

sie kann ewig dauern,
       langweilig
     oder lang

wenn sie kurz wird ist uns bang

manchmal heilt sie Schmerzen

manchmal wünschen wir sie uns von Herzen

man kann sie absitzen, ausblenden, verschenken

man kann damit geizen

oder großzügig sein

man kann sie ansagen

vertun und verplempern

einschätzen, abschätzen

oder lässt sich von ihr hetzen

manchmal wird sie einfach genommen

wird niemals wieder zurückkommen

wir können sie bemessen, stoppen und an ihr drehen

oder auch einfach mit ihr gehen

Wir nehmen sie in andrer Weise

mit auf unsre große Reise

wir nehmen sie einfach mit

die Zeit

mit hinüber in unsre Ewigkeit

Sonderbar

Sonderbar

Ich hab's schon mal erlebt,
es war schon mal da

    wie sonderbar

Er gibt mir die Hand,
bin seelenverwandt

Ich bin ihm ganz nah
es war alles schon da

    wie sonderbar

Die Wolken, der Himmel
ich seh's ganz klar

war ich schon mal da?

    wie sonderbar

Umarmung, ein Kuss

Ich bin wieder da
wie wunderbar

Umzug

Türen, die schlecht aufgehen

Fenster, die nach Süden klemmen

Knarrende Bretterböden

Heizung kalt

schlecht belüftet

dicke, schwere Vorhänge

eingerostete Schlösser

Ein Umzug mit neuem Mobiliar ist angesagt
für unsre kirchlichen Institutionen

Wir packen mit an

- Wir hätten anzubieten

Eine sonnige Vielzimmerwohnung

Im Erdgeschoss

Südhanglage

Terrasse mit Weitblick
Offener Kamin
Hohe Räume

mit Flügeltüren, die stets offen stehen

zur Straße
zum Hinterhof
zum Nachbarn

große Kellerräume
zur Lagerung für Tische und Bänke
zum internationalen Straßenfest

Musikinstrumente und Lebensmittel
zum gemeinsamen Festmahl

Wir brauchen keine Zentralheizung
wir haben das Haus voller Gäste
und wärmen uns gegenseitig
am offenen Feuer

in der neuen, gut ausgestatteten Küche
können wir abwechslungsreiche Kost
und neue Rezepte ausprobieren

Zum Festmahl sind die Kerzen angezündet,

alle Nachbarn sind herzlich eingeladen

und jeder bringt was mit

Ein Haus zum Feste Feiern
  Diskutieren
  Streiten
  Lachen und Tanzen

übrigens, es ist bei uns so üblich,
die Festtage gemeinsam zu feiern,

wir sprechen uns mit allen Nachbarn ab
Der Garten ist voll bunter
verschiedener Sträucher

Die Bäume sind gepflanzt
sie müssen noch gut gepflegt werden

Die neue Wohnung ist ab sofort beziehbar

Wir helfen alle mit

Bei der Schlüsselübergabe wäre ich so gern dabei

Verpennt

Versehentlich in die andre Richtung gelenkt?

hab ich was verpennt?

bekommen oder verschenkt?

was verpennt?

immer noch Streit
oder eingerenkt?

wieder verpennt!

offen oder gehemmt?

auch verpennt!

Aufwachen

und wieder mitmachen!

Du meine Seele singe

Fast davongelaufen

Er hat mir das Leben in Fülle geschenkt
meine Schritte gelenkt

Manchmal musste er mir auch in den Hintern treten
mich schieben und nach vorne bewegen

Mal wär ich ihm
      fast davongelaufen
Er hat mich festgehalten und gesagt
      er würd mich brauchen

ich hab ihm dann einfach zugehört
was er von mir will
es ist nicht zu überhören
sei ab und zu still

dann hörst du ganz leise
      seine Stimme
          auf deiner Lebensreise

Zum Frauenhaus

Draufschlagen

nicht mehr ertragen
raus gelaufen

auf leisen Sohlen sacht
     bei Nacht

die Füße zerschunden
     ein helles Licht gefunden

kann kaum mehr gehen
     offene Türen gesehen

warmes Licht, warme Stimmen
laden dich herzlich ein
ausgestreckte Hände

     tritt ein

Verwandte

Verwandte
man muss sie wohl ertragen
auch in schlechten Tagen

sie sind launisch, penetrant
aufdringlich
       aber verwandt

man versucht eben
sie so zu nehmen
       wie sie sind
stell dich drauf ein
sag
       sie sind halt so

überleg mit wem du über was sprichst
und bist dann froh

wenn alle wieder da sind
wo sie hingehören

willst sie nicht belehren
willst sie lassen
       wie sie sind

wir sind halt verschieden

lassen wir uns

    wie wir sind

sind trotzdem immer gespannt

freuen uns, wenn wir uns treffen

wir sind halt verwandt

Druckverband

Verbunden

    angebunden

        straffer Druckverband

entbunden

    frei erfunden

angebandelt

lockere Schlaufen

    bindende Gedanken

Doofe Zeitungen

Zeitungen
    unendlich viel Papier

sagen
    sie wollen informieren
preisen an
wollen verkaufen
    verkaufen für dumm

ignorieren, dass ich denken kann

werben, illustrieren
argumentieren
lügen
wollen verkaufen
    zum Davonlaufen

unwahre Dinge
oft erfunden
für ansprechend empfunden

gelogen, betrogen

Quotengedrucke

Ich tu's mir nicht an

Werbung, Anmache

wer denkt daran
dass alles geplant

unsre Meinung zu lenken
wollen für uns denken

informieren mit falschem Bild

subtil, wild

Mit mir nicht
behaltet euer Gefledder

es taugt nicht mal
zum Klopapier

zu aalglatt dafür

Die Gedanken

Die Gedanken
    können fliegen
        träumen, marschieren

in ferne Länder
nach nebenan

manchmal liegen sie auch
auf ihrer faulen Haut

ab und zu sind sie frech
dann wieder brav und scheu

oder zurückhaltend
und haben sich
wieder nicht getraut

sie sind auch nicht jeden Tag gleich

die Gedanken
    sie schwanken
oft zurück

Wir wollen bleiben

Vögel, sie ziehen wieder gen Süden

Wir schauen ihnen nach
wir beneiden sie

und wollen auch gehen
im Winter den Süden sehen

doch wir bleiben
lassen Drachen steigen

in herbstlicher Sonne Weinberge sehen

eingewickelt auf den Bänken sitzen
sehen wunderschön rot die Abendsonne blitzen

nein, wir wollen nicht ziehen
wir wollen bleiben

im Herbstsonnenschein
daheim

bei Sonnenblumen
    bunten Blättern
        und goldenem Wein

Schlaf schön

Bettgeflüster
    schläfst du schon?

muss noch kurz was fragen
könntest du in den nächsten Tagen
den Rasen mähen?
würd das gehen?
schön!

Schlaf gut mein Schatz

Ach da fällt mir noch ein
wann kaufen wir diese Woche noch ein?
wär's dir am Freitag recht?
oder ist's da schlecht?

Na ja, egal, bist müde
schlaf schön

Ach, hab vergessen noch mal hinzufahren
kann's vielleicht auch telefonisch erfahren

Schlaf gut, mein Schatz, schlaf weiter

Was?
Ich sag, morgen ist auch noch ein Tag

Ich warte

Jedem bekannt?

Das Wunder an den Bäumen
Aus den Blüten
    wurden Früchte
man glaubt zu träumen

wir leben im Wunderland
können nur staunen

ist der Schöpfer jedem bekannt?

Ist gestohlen

Die Kirschen in Nachbars Garten
können von mir aus warten
bis sie schwarz oder faul
    oder sonst noch was sind
ich will sie nicht pflücken
    sollen andere machen
wer's haben will
    der soll sich's holen
ich find's nicht richtig
    's ist gestohlen

Frau am Klavier

Der Mann mit dem Bier am Klavier
kann heut nicht
    doch dafür
spielt eine Frau am Klavier
    sie mag Wein
    schenk ihr ein
sie springt nur ein
    für den Mann am Klavier
er ist bald wieder hier

Die Alten haben Falten

Die Alten haben Falten im Gesicht
    Die Jungen nicht
Warum stören denn die Falten die Alten?
Es sind Wege und Strahlen
aus vergangenen Tagen
    haben vieles gesehen
    die Tage sind vergangen
    die Strahlen bleiben
    es sind Strahlen
        nicht Falten
Habt keine Angst, ihr Alten
ärgert euch nicht
strahlt übers ganze Gesicht

Die Gedanken sind nicht frei

Die Gedanken sind nicht frei
sind an Menschen und
      Situationen gebunden
sie fliegen auch nicht vorbei

zwingen mich zum Stillstehen
      zum Handeln
wollen mich verwandeln
sehe manches neu
veränder mein Verhalten
fang an zu gestalten

nichts fliegt vorbei
nichts ist mehr Einerlei

die Gedanken sind gebunden
was ich tu ist jetzt frei

Moral egal

Alles verzocken
auf dem Geldsack hocken

    Moral egal

Alles meins, ich geb nichts her
Taschen leer

    Moral egal

Mit dem Finger drauf zeigen
falsche Worte verbreiten

    Moral egal

Alles versprechen
    nichts halten
ein Verbrechen

    Moral egal

In die vollen Kassen fassen
andre hängen lassen

    Moral egal

Andere versuchen
bei sich selbst verbuchen

Moral egal

Erst bekommen, dann weggenommen

Moral egal

Immer wieder die gleichen alten Lieder

Moral egal

Alle stehen Spalier
es gibt nur Ich, kein Wir

Moral egal

Alle Kleinen halten still
weil ein Großer es so will

Moral egal
Moral total egal

Alles weggenommen
aber ans Rednerpult gekommen, alle hören, was ich sag

„Mir ist Moral nicht egal!"

Meine Kinder sind Engel

Meine Kinder sind Engel
  die mich besuchen
  die die Zeit mit mir verbringen

ihre Lebensmelodien
  singen

irgendwann müssen
  sie wieder gehen

ich kann sie wegfliegen
  sehen

Sie besuchen mich
  von Zeit zu Zeit

Wenn ich sie bitt
  mich zu begleiten

sind sie da
  zu allen Zeiten

Meine Kinder sind Engel

Vorurteile sind dort nicht bekannt

Ich komm aus einem fernen Land
Vorurteile sind dort nicht bekannt

Dort können Frauen Gemeinden leiten
ohne dass sich Katastrophen ausbreiten

Dort können Arbeiter philosophieren
und Philosophen das Arbeiten probieren

Dort laden die Reichen die Armen ein
und kaufen ihnen ein Eigenheim

Dort gibt es Kinder, die ihre Eltern erziehen
und für sie sorgen und sich sehr bemühen

Dort werden alle Menschen im Beruf gerecht bezahlt
und sie können sich fortbilden bis sie steinalt

Menschen können abstoßend
und Kleider anziehend sein
oder andersrum?
Fällt dir dazu was ein?
Wer weiß, wie's geht?
 Ohne Magnet?

Spure selbst

Straßenbahn
    die bahnt sich was
    hat ihre Gleise
    fährt ganz leise

will selber meine Gleise legen
    vorgelegt
    von wegen

mehrspurig interessant
alles unbekannt

spure selbst bei Eis und Schnee
    und seh

Sonnenaufgang majestätisch
setzt mir seine Krone auf

entführt mich in sein Sonnenland
nächster Halt
    unbekannt

Verrückte Spinner

Abendrot und Abendbrot
sind zwei verliebte Spinner

der eine macht's früh oder spät
der andre so wie immer

Zusammen sind sie ein Genuss
das ist ganz sicher richtig

Mit beiden ist es optimal
der Zeitpunkt ist unwichtig

Verdreht

Kniegelenke
      Handgelenke
wenn ich mir den Hals verrenke
helfen sie mir beide nicht
verdreht ist das Gesicht

Wenn ich zurück schau,
weiß ich
wie's vorwärts geht

Träumen

Maserung

Maserung in meinem Holz
        darauf bin ich stolz

Feine Wurzeln, dicker Stamm

Dicke Äste, fein verzweigt

Kraft, die auf die Knospe zeigt

Blütenzauber, spring nur auf

Sprüh und strahl der Sonn entgegen

Lass sie im Zaubertanz bewegen

Überhang

Überhang
  verstehst du das?
  hab's nie kapiert
  ist es gefährlich?

Wenn's vorhängt
  könnt ich's ja verstehen
  dann könnt ich's sehen
  `s wär ehrlich

Wenn's runterhängt
  ist's auch nicht schön
  dann ist es oft beschwerlich

Wenn's durchhängt
  wird es höchste Zeit
  halt's fest
  dann ist es herrlich

  ❖

Sitzenbleiber, Drübersteiger
Überhüpfer, Querverbinder
  eben nur bestimmte Kinder
  bleiben weiter Sitzenbleiber

Meine Kinder bleibt ihr immer

Meine Kinder
sind sie immer

klein und groß
auf meinem Schoß
schau auf zu euch
in euer Gesicht

Meine Kinder
seid ihr immer

strahlende Sonnen
Edelsteine

ob ich lach oder weine
ihr seid immer da

Meine Kinder
bleibt ihr immer

auch aus der Ferne
blinkt ihr wie Glitzersteine

Meine Kinder
bleibt ihr für immer

In der Ecke gegenüber

Sitz in die Ecke gegenüber
schau's dir doch von dort mal an

Sieht nicht alles anders aus?
Völlig neue Perspektive

Wenn's so ist, kann ich's verstehen
Kann's auf einmal anders sehen

Werd öfter meinen Platz
       mal tauschen

in die Ecke gegenüber

hab dann eine andre Sicht
versteh dann manches wieder

Einen Hund?

Einen Hund? Ich brauche keinen

Was, sie meinen um zu laufen
müsst ich einen Hund mir kaufen?

Hab doch Beine
    kann wunderbar gehen

      ohne Leine, ohne Stöckchen
      wie angenehm

Und auch mich

Uhrenwecker, weckt die Uhren
und auch mich, ich mag's zwar nicht

Doch fragt man mich?

Schonungslos und unverschämt
geht's Gebimmel los um sieben
wo ist denn die Nacht geblieben?

Ich glaub, die rast wie nicht gescheit
grad war's noch gestern
    jetzt ist's heut

Der Stapel

Der Stapel auf meinem Nachttisch
     er stapelt sich
fordert mich zum Lesen auf
immer noch was obendrauf
nimmt keine Rücksicht
wie müd ich bin
räum ich ihn weg
kommt halt ein neuer Stapel hin

Zeitung oder Buch

Was soll ich lesen
     Zeitung oder Buch?
Einfach kurzweilig
     ich such
fang an
     schlaf dabei ein
so kurzweilig
     kann Lektüre sein

Schafgeschichten

Schlafen gehen
      ich kann nicht schlafen
wie war das noch mal
      mit den Schafen?
Diese dumme Zählerei
      geht doch nie vorbei
Ich denk mir Schafgeschichten aus
erzähl's den Schafen
dann können die
      wenigstens schlafen

Überlegen

Liegt's über dir
      das Überlegen?
Oder liegt's
      auf deinen Wegen
Liegen oder stehen
      kann es
von wegen
      überlegen
überleg
      sonst ist's dir überlegen

Sie sind zu dritt

Meine Hand schreibt
mein Kopf macht mit
mein Herz auch
      sie sind zu dritt

Sie halten zusammen
komm nicht dagegen an

Sie suchen, überlegen
denken sich alles Mögliche aus

sind manchmal nicht zu Haus

Ab und zu darf ich fragen
oder auch was dazu sagen

Sie schreiben drauf los und marschieren
Ich darf's dann später korrigieren

Doch sie haben Mut
      das find ich gut

Ganz ausgebreitet

Gestapelt, sortiert
alles weg, alles weg

Wichtigkeit ist nicht gestapelt
lässt sich nicht sortieren

Ist immer dran am selben Tag
nichts zum „mal ausprobieren"

wichtig ist der Augeblick
er liegt vor dir ganz ausgebreitet

lässt sich leben
lässt sich lieben

er das „vor und nachher" meidet

Sonne der Gerechtigkeit

Trotzdem interessant

Hab das Rad nicht erfunden
keinen Lorbeerkranz gebunden
Nicht wie ein Lama gespuckt
Kein Geld gedruckt

Nicht im Pferdeschlitten gefahren
hab keine Goldfäden in meinen Haaren
Bin nicht weltbekannt
Trotzdem interessant

Hab meine eigenen Ideen
Kann über meinen Tellerrand sehen

Hab viel erlebt in fremden Ländern
konnte manches, was mir wichtig war, verändern

Hab viel gehört und gesehen
konnte manchen Weg mit andern gehen

Bin mit offenen Augen und Armen
durch mein Leben gegangen

Leb heut
und hab nie dem Alten nachgehangen

Konnte immer verschenken
mir hat nie was gefehlt

Bin so dankbar für alles
was ich erlebt

Gott hat mich gelenkt und reich beschenkt

Bunter Farbenregen

Bunter Farbenregen tropft herab auf unsre Welt
er will die Menschen bunter machen, ob ihnen das
gefällt?

Dunkle Gedanken müssen dann den vielen Farben
weichen
Plötzlich sind wir kunterbunt, wir sind nicht mehr die
Gleichen

Alle Menschen sind dabei, sie können's gar nicht ändern
Sie sind schön eingewickelt dann mit vielen bunten
Bändern

Ach wär das schön, wenn's bei uns Menschen
keine Farbentrennung gäb

Ich hab die Hoffnung noch nicht aufgegeben
Ich denke, es ist nie zu spät

In Formation

Information
    In Formation?
Gewissen, geht mein Wissen?
Worüber, übern Zaun?
Du merkst es kaum
        es wird geformt, genormt
        gebogen, geschoben

Was gesagt wird ist In Formation
wer merkt das schon?

Angenommen

Erhalten, behalten, verwalten
        besessen, vergessen
oder
geschenkt bekommen
        angenommen
        gelebt und weitergegeben
        mein Leben

Wie läuft was?

Der Lauf der Dinge, wie läuft denn was?
Läuft's einfach so, oder sagt's mir was?

Was sind das für Dinge, die einfach laufen
dürfen sie ab und zu auch verschnaufen?

Oder laufen sie unentwegt am Stück
immer vorwärts oder auch mal zurück?

Wenn man die Dinge mal nicht laufen lässt
was würde dann passieren?
Ich will's lieber nicht probieren

Lass doch den Dingen seinen Lauf
und hör damit auf

Ich hab's probiert

Ich hab's probiert mit der Schlüsselblume
mein Schloss zu öffnen

Vielleicht hätt's mit dem Löwenzahn besser geklappt

Mit dem Feilchen
          hab ich's dann gleich aufgehabt

Engel müssen Flügel haben

Engel müssen Flügel haben,
denn sie sind oft plötzlich da

wenn sie mir in dir begegnen
sind sie mir ganz nah

Engel gibt es mehr als Menschen,
davon bin ich überzeugt

wenn ich fall ist's nicht nur einer,
der sich über mich dann beugt

Manchmal brauch ich viele Engel
wenn ich einen Blödsinn mach

Sie helfen mir des nachts beim Schreiben
und halten mich mit Singen wach

Wenn ich müd bin helfen sie mir
alle wieder auf die Beine

Ich glaub, ich hab sie immer um mich,
sie lassen mich nicht gern alleine

Man kann mich wohl auch keine Stunde
aus den Augen lassen

Immer sind sie voll beschäftigt,

es ist nicht zu fassen

Gott sei Dank gibt's Gottes Engel,

die stets um mich sind

Ich kann dir, Vater, stets versichern

sie kümmern sich um dein Kind

Abraham

Abraham hat viele Kinder
     auf der ganzen Welt
Jeder hat auf seine Weise
     seinen Lebensweg bestellt
Lasst uns alle respektieren
     jeder Weg hat seinen Wert
Andre nicht zu akzeptieren
das wär sicher ganz verkehrt

Rückenwind

Du hast doch Rückenwind
    spürst du das nicht
    steh auf geschwind

Du kannst getrost deinen Weg weitergehen
durch alle Tore, bleib nicht stehen
Du wirst das Licht am Ausgang sehen

geh immer weiter, mein Kind

ich bin da
ich bin dein Rückenwind

Dornen

Dornen im Leben
    sind wohl dazu gemacht

wenn's piekst, wird endlich mal
    aufgewacht

Jeder Dorn hat dann wohl seinen Sinn

wenn ich damit gepiekst worden bin

Der Traum unterm Baum

Ich sitz unterm Baum
und kenne keine Zeit
der Alltag ist weit

Ich hab einen Traum
ich sitz nur noch unterm Baum

Ich sitz unterm Baum
und beginn zu träumen
vom Alltag und von den Bäumen

Jetzt träum ich einen neuen Traum
ich hol den Alltag einfach unter den Baum

Fassungslos

Ich fass es nicht
Umfass es nicht
Unfassbar wohl
Bin fassungslos
Fass doch an
Bin ich der Verfasser?

Die andere Seite

Wir begegnen so vielen Menschen
doch kennen wir sie?
Manche sprechen wir kurz
mit anderen nie

erst im Gespräch dann kann man erfahren
    was sie erlebt
        in vielen Jahren

erst dann können wir vieles besser verstehn
und manches von einer ganz andren Seite sehn

woher soll ich wissen
    was den anderen plagt
    was ihm gefällt
ich leb doch in einer anderen
    in meiner Welt

gut, dass wir miteinander reden
von uns wissen,
besser verstehn

und versuchen immer wieder
    es von der andern Seite
zu sehn

Gib den Boten Kraft und Mut

Türen

Im Lauf des Lebens
    geht man durch viele Türen

manche gehen langsam auf
    bleiben nicht lange offen
    du bist betroffen

nimm einfach den nächsten Eingang
    und du wirst sehen
    dort wird sie länger offen stehen

du kannst sie nicht zählen
    viele suchst du selbst aus
    manche kannst du nicht wählen
    ziehst deine Konsequenzen daraus

oft freust du dich
    wenn sie schon offen steht
    und dir jemand
    freundlich entgegen geht

manchmal klopft das Herz
    wir gehen davor hin und her
    der Eintritt ist schwer

man fragt sich bei manchen Türen

    wohin sie wohl führen?

    klopft zaghaft an

    und dann

    ist man oft erstaunt

    was man dann sieht

    und was in diesem Raum geschieht

Es gibt Türen, die mach ich nicht gerne auf

    da stehen schon so

    komische Schilder drauf

manche knarren und klemmen

    doch mit einem Ruck

    öffnen auch sie sich

    mit leichten Druck

manche sind verschlossen

    andre stehen immer offen

Es gibt Türen, die führen

    in einen besonderen Raum

    dort blüht eine Wiese

    und ein wunderschöner Baum

Es gibt dunkle und helle

Türen aus Glas

du siehst schon

was dahinter ist

manchmal freut dich das

Türen können zu Geheimnissen führen

verbotenerweise

hab ich sie aufgemacht

und dabei nur an mich gedacht

An anderen Tagen wird dir die Tür

vor der Nase zugeschlagen

lass sie einfach zu

es braucht nur jemand seine Ruh

Dann geh einfach in einen anderen Raum

zu freundlichen Leuten

setz dich dazu

dann hast auch du deine Ruh

Es gibt Flügeltüren

die führen

in einen wunderschönen Raum

was dich da erwartet

du glaubst es kaum

freundliche Menschen, die nicht nur sich

sondern die andern ansehen

und auch zu den andern

am Nebentisch gehen

die zusammenrücken

zuhören

Es war ein ganz heller Raum

schade, ich glaub

es war nur ein Traum

Der Weg ist weg

Der Weg ist weg

der Wege wegen
Er kreuzt, ist weg

doch er bleibt der Weg
auch nach der Wegkreuzung

Der Kreuzweg bleibt immer

Wenn die Richtung stimmt

Am Rinnsal entlang
       du bist richtig mein Kind
       die Richtung stimmt

Am Bach entlang geschwind
       keine Angst
       wenn die Richtung stimmt

Am Fluss keine Bange
kannst du lange entlang gehn
den Sonnenuntergang und die Sterne sehn
       keine Angst mein Kind
       die Richtung stimmt

Manchmal kommen Buchten, die zum Ausruhn laden
gönn's dir geschwind
       du weißt,
       die Richtung stimmt

Aufregung am Strand
Ebbe und Flut
mich packt die Wut
       ruhig mein Kind
       die Richtung stimmt

Hohe Wellen, ich hab Angst

nimm doch ein Boot und paddel rüber

es steht doch bereit, schon lange Zeit

        hab doch keine Angst mein Kind

        die Richtung stimmt

Schau mal her, sagen manche

wie die sich benimmt, die spinnt

        kann man da noch behaupten,

        dass die Richtung stimmt?

Manchmal schwimm ich im Kreis

weil ich den Ausgang nicht find

        sei ganz ruhig mein Kind

        sei dir sicher

        die Richtung stimmt

Übers Meer bläst der Wind

du kannst den Sonnenaufgang schon sehen

und du kannst ihm entgegen

sogar übers Wasser gehen

dann kannst du dir wirklich

ganz sicher sein mein Kind

        dass die Richtung stimmt

Das besondere Paar

Lass mich am warmen Ofen sitzen und schwitzen

    ich will die weite Welt sehen

    und will den kalten Wind um meine Nase wehen

Es genügt mir ganz wenig, um zufrieden zu sein

    aber mir ist alles zu eng

    und alles viel zu klein

Mir genügt es,
ein kleines Lied zu singen

    für mich muss das Orchester,

    die Band und der Chor alles bringen

Ich brauch nur ein Stück Brot
und ein kleines Glas Wein

    bei mir darf's schon ein Sekt

    und ein Fünf-Gänge-Menü sein

Ich hab's gern ruhig, leise
auf meine Weise

mir ist's nie zu laut, ich brauch Trara und Gedröhn

kann nicht genug hören und nie genug sehn

wir sind schon verschieden
aber was macht denn das schon

es ist schon wahr,
wir sind ein besonderes Paar

Was dir fehlt

Egal,
ob man dich fragt

was du hast
oder was dir fehlt

du kannst wählen
und das selbe erzählen

Eine Meile

Es hat keine Eile
bleib doch noch ne Weile

immer nur rennen?
    geh mit mir eine Meile
    sei doch nicht so in Eile

Im Kopf ständig nur ganz wichtige Sachen

keine Zeit zum Reden, keine Zeit zum Lachen

Sei doch nicht so in Eile
bleib doch noch eine Weile

Wenn die Zeit kommt
und du kannst vielleicht
nicht mehr richtig gehen

würdest dann gern mit mir
eine Meile ohne Eile gehen

Hast du dann vielleicht Zeit
für wirklich wichtige Sachen?

und sogar Zeit zum Reden und auch zum Lachen?

Lass uns deine Herrlichkeit ferner sehen in dieser Zeit

Nicht der Schein

Aus jedem Gesicht
    strahlt ein eigenes Licht

Die Augen sind die Leuchter
    der Körper der Altar

    alles ist klar

    geschaffen wunderbar

leider nicht wahrgenommen
höchste Berge erklommen

zurückgefallen ins Tal
aufgerappelt mal

Wir sollten alles besser nützen

mit den wunderbaren Dingen,
die wir besitzen

ein Gesicht zum Strahlen
Füße zum Geh'n
Augen um nichts zu überseh'n

einfach bestreben

sich selbst und für andre zu leben

lernen, helfen, tanzen, lachen

und ab und zu auch verrückte Sachen machen

wenn wir alle zusammenstehen

könnt's wunderbar sein

die Wirklichkeit

nicht der Schein

jeder ist ein Teil der Wirklichkeit

        richtig

        und enorm wichtig

Weck mich nur

Manchmal bin ich stur

eigenwillig

        pur

schieb mich vorwärts

dass ich nichts verschlafe

weck mich nur

Kleine Sternschnuppe

Eine kleine Sternschnuppe
   von Himmel gefallen

bin einfach da
   versuch zu strahlen

meine Schwestern, die Sterne am Himmelszelt
   strahlen über die ganze Welt

Ich will versuchen, wenn es dunkel ist
   hell zu sein
      ein Licht

Will mich bemühen
   auch wenn ich so klein

hier auf der Erde
      ein Stern zu sein